예스어학원
여우네 부대찌개 2층

시원 쌤과 함께하면
영어가 쉬워

YES어학원

수업만 들어도
영어 단어 연결
100%

여우네 부대찌개

밥처럼

라면 사리
가 쿠폰

예스잉글리시
신입 단원 모집

코드 네임 : 에스원 요원과
영어 유니버스를 구하라!

English Adventure
이시원의
영어
대모험

일러두기

이 책의 만화에 나오는 영어 문장 중 일부는 이야기의 자연스러운 이해를 위해 의역했습니다.
그 외의 영어 문장은 학습적인 이해를 돕기 위해 직역했습니다.

이시원의 영어 대모험 ⑱
접속사

기획 시원스쿨 | **글** 박시연 | **그림** 이태영

1판 1쇄 인쇄 | 2022년 12월 28일
1판 1쇄 발행 | 2023년 1월 16일

펴낸이 | 김영곤
이사 | 은지영
키즈스토리본부장 | 김지은
키즈스토리2팀장 | 윤지윤 **기획개발** | 고아라 최지수
아동마케팅영업본부장 | 변유경
아동마케팅1팀 | 김영남 황혜선 황성진 이규림
아동마케팅2팀 | 임동렬 이해림 안정현 최윤아
아동영업팀 | 한충희 강경남 오은희 김규희
디자인 | 임민지

펴낸곳 | (주)북이십일 아울북
등록번호 | 제406-2003-061호
등록일자 | 2000년 5월 6일
주소 | 경기도 파주시 회동길 201(문발동) (우 10881)
전화 | 031-955-2155(기획개발), 031-955-2100(마케팅·영업·독자문의)
브랜드 사업 문의 | license21@book21.co.kr
팩시밀리 | 031-955-2177
홈페이지 | www.book21.com

ISBN 978-89-509-8509-7
ISBN 978-89-509-8491-5(세트)

만 화 로 시 작 하 는 이 시 원 표 초 등 영 어

English Adventure 이시원의 영어 대모험 18

접속사

기획 시원스쿨

글 박시연

그림 이태영

아울북 × 시원스쿨닷컴

작가의 말

안녕하세요? 시원스쿨 대표 강사 이시원 선생님이에요. 여러분은 영어를 좋아하나요? 아니면 영어가 어렵고 두려운가요? 혹시 영어만 생각하면 속이 울렁거리고 머리가 아프진 않나요? 만약 그렇다면 지금부터 선생님이 영어와 친해지는 방법을 가르쳐 줄게요.

하나, 지금까지 배운 방식과 지식을 모두 지워요!

보기만 해도 스트레스를 받고, 나를 힘들게 만드는 영어는 이제 잊어버려요. 선생님과 함께 새로운 마음으로 영어를 다시 시작해 봐요.

둘, 하나를 배우더라도 정확하게 습득해 나가요!

눈으로만 배우고 지나가는 영어는 급할 때 절대로 입에서 나오지 않아요. 하나를 배우더라도 완벽하게 습득해야 어디서든 자신 있게 영어로 말할 수 있어요.

셋, 생활 속에서 자주 쓰이는 표현을 배워요!

우리 생활에서 쓸 일이 별로 없는 단어를 오래 기억할 수 있을까요? 자주 사용하는 단어 위주로 영어를 배워야 쓰기도 쉽고 잊어버리지도 않겠죠? 자연스럽게 영어가 튀어나올 수 있도록 여러 번 말하고, 써 보면서 잊지 않게 하는 것이 중요해요.

이 세 가지만 지키면 어느새 영어가 정말 쉽고, 재밌게 느껴질 거예요. 그리고 이 세 가지를 충족시키는 힘이 바로 이 책에 숨어 있어요. 여러분이 〈이시원의 영어 대모험〉을 읽는 것만으로도 최소한 영어 한 문장을 습득할 수 있어요.

단어와 단어를 연결하는 방법도 자연스럽게 익히게 될 거예요. 게다가 영어에 관련된 흥미로운 이야기들을 알게 되면 영어가 좀 더 친숙하고 재미있게 다가올 거라 믿어요!

자, 그럼 만화 속 '시원 쌤'과 신나는 영어 훈련을 하면서 모두 함께 영어의 세계로 떠나 볼까요?

시원스쿨 기초영어 대표 강사 **이시원**

영어와 친해지는 영어학습만화

영어는 이 자리에 오기까지 수많은 경쟁과 위험을 물리쳤답니다. 영어에는 다른 언어와 부딪치고 합쳐지며 발전해 나간 강력한 힘이 숨겨져 있어요. 섬나라인 영국 땅에서 시작된 이 언어가 어느 나라에서든 통하는 세계 공용어가 되기까지는 마치 멋진 히어로의 성장 과정처럼 드라마틱하고 매력적인 모험담이 있었답니다. 이 모험담을 듣게 되는 것만으로도 우리 어린이들은 영어를 좀 더 좋아하게 될지도 몰라요.

영어는 이렇듯 강력하고 매력적인 언어지만 친해지기는 쉽지 않아요. 우리 어린이들에게 영어는 어렵고 힘든 시험 문제를 연상시키지요. 영어를 잘하면 장점이 많다는 것은 알지만 영어를 공부하는 과정은 어렵고 힘들어요. 이 책에서 시원 쌤은 우리 어린이 주인공들과 영어 유니버스라는 새로운 세계로 신나는 모험을 떠난답니다.

여러분도 엄청난 비밀을 지닌 시원 쌤과 미지의 영어 유니버스로 모험을 떠나 보지 않을래요? 영어 유니버스의 어디에선가 영어를 좋아하게 된 자신의 모습을 발견하게 될지도 몰라요.

글 작가 **박시연**

영어의 세계에 빠져드는 만화

영어 공부를 시작하는 어린이들은 모두 자기만의 목표를 가지고 있을 거예요. 영어를 잘해서 선생님께 칭찬받는 모습부터 외국 친구들과 자유롭게 영어로 소통하는 모습, 세계적인 유명인이 되어서 영어로 멋지게 인터뷰하는 꿈까지도요.

이 책에서는 어린이들이 공감할 수 있도록 영어를 배우며 느끼는 기분, 상상한 모습들을 귀엽고 발랄한 만화로 표현했어요. 이 책을 손에 든 어린이들은 만화 속 인물들에게 무한히 공감하며 이야기에 빠져들 수 있을 거예요. 마치 내가 시원 쌤과 함께 멋진 모험을 떠나는 것 같은 기분을 느낄 수 있도록요.

보는 재미와 읽는 재미를 함께 느낄 수 있는 만화를 통해 영어의 재미도 발견하기를 바라요!

그림 작가 **이태영**

차례

등장인물

영어를 싫어하는 자,
모두 나에게로 오라!
굿 잡!

시원 쌤

비밀 요원명 에스원(S1)
직업 영어 선생님
좋아하는 것 영어, 늦잠, 힙합
싫어하는 것 노잉글리시단
취미 영어 가르치기
특기 굿 잡 외치기
성격 귀차니스트 같지만 완벽주의자
좌우명 영어는 내 인생!

헬로, 에브리원~!
내가 누구인지
궁금하지?

줄리 쌤

비밀 요원명 제이원(J1)
특기 변장하기

영어가 싫다고?!
내가 더더더 싫어지게
만들어 주마!

트릭커

직업 한두 개가 아님
좋아하는 것 영어 싫어하는 아이들
싫어하는 것 영어, 예스잉글리시단
취미 속임수 쓰기
특기 이간질하기, 변장하기
성격 우기기 대마왕
좌우명 영어 없는 세상을 위하여!

냥냥라이드에 태워 줄 테니
쭈루 하나만 줄래냥~!

빅캣

좋아하는 것 쭈루, 개박하
싫어하는 것 예스잉글리시단

내 방송
꼭 구독 눌러 줘!

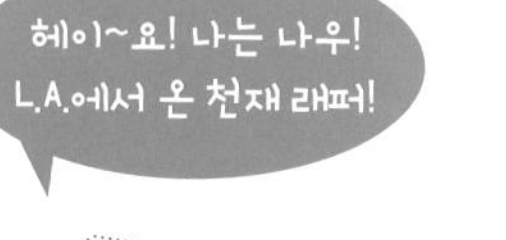
헤이~요! 나는 나우!
L.A.에서 온 천재 래퍼!

HIP
HOP

….

영어를 열심히 공부해서
훌륭한 우주인이 될래!
I ♥
NY

루시

좋아하는 것 너튜브 방송
싫어하는 것 나우, 우쭐대기
좌우명 일단 찍고 보자!

나우

좋아하는 것 랩, 힙합
싫어하는 것 영어로 말하기,
혼자 놀기
좌우명 인생은 오로지 힙합!

후

좋아하는 것 축구
싫어하는 것 말하기
좌우명 침묵은 금이다!

리아

좋아하는 것 동물, 우주
싫어하는 것 빅캣 타임
좌우명 최선을 다하자!

어린이 기자로서
멋진 취재를
할 거야!

올리버

다
귀찮아….

Chapter 1

백악관 유니버스

시원 쌤은 대체 어디로 간 걸까?
ES 어학원
쌤이 안 돌아와서 걱정이야!
여우네

미스터 보스를 쫓아간 것 같은데….
그런 중요한 임무에 우릴 떼 놓고 가다니! 배신이야, 맨!
ZZZ

쌤한테 무슨 일이 생긴 건 아니겠지?
무섭게 왜 그래….
두근

헬로,
에브리원~!
다들 왔니?
호잇
호잇
벌컥

응? 왜 이렇게
기운이 없어?
그야
당연히….
시원 쌤이
없으니까염.

아하~ 시원 쌤이
아직 안 돌아와서
걱정되는구나?
엄청요!
시원 쌤 곁에는
우리가 꼭 있어야
한다구염.

시원 쌤은
예스잉글리시단
최고의 에이전트니까
걱정 마.

하지만
우리 눈에는
그냥 허당 쌤일
뿐인걸요.
왜 우리를
안 데려갔을까염?

미스터 보스는
노잉글리시단 대장으로,
아주 위험천만한 악당이야.
너희를 위험에 빠뜨리고
싶지 않았을 거야.
휙
휙
그래도 우린 늘
함께했는데….
아이 엠
베리 섭섭~!

아이들이
많이 섭섭한
모양이네.

에이전트 시원의
위치는 나도 모르니
알려줄 수도 없고!
하아~

그런데 줄리 쌤!
시원 쌤은 어떻게
미스터 보스를
쫓아갔을까요?
응?

흐음…
글쎄.
예스잉글리시단
우주선이라도
있나염?
아하하,
그, 그럴지도?
아님 용맹한 전사들의
유니버스에서처럼 디제잉을
하며 추격하고 있는 건
아닐까염?
시원 쌤의 디제잉은
언제나 최고지!

시원 쌤 이야기를
하니까 더 보고 싶어.
흑흑, 난 이미
눈물이 나.
미 투다, 맨!
으허엉~

우, 울기까지?
시원이 엄청 그리운
모양이네. 어쩌지?
당황

음, 애들아! 시원 쌤은
아무래도 주요 유니버스에
간 것 같아.

주요
유니버스요?
그게
뭐예염?
따악
유니버스 가운데 다른
유니버스에도 영향을 끼칠 만큼
강력한 곳들이 있는데, 그런 곳을
주요 유니버스라고 해.
너희가 갔던
유엔 유니버스 같은
곳이 대표적이야.

주요 유니버스 가운데
백악관 유니버스도 있어.
너희 백악관에 대해
알고 있니?
요우~
알아염! 제가
미국에서 살다
왔거든염!

백악관이 미국
수도인 워싱턴 D.C.에 있는
대통령의 관저*라는 건
잘 알고 있겠지?

White House
영어로는
White House라고
부른단다.
탁

백악관은 최고
권력의 중심지로
꼽히지.

그런데 왜
백악관 유니버스가
주요 유니버스예염?
백악관의 결정은
미국뿐만 아니라
전 세계에도 영향을
미치거든.
마찬가지로,
백악관 유니버스에서
내리는 결정은
다른 유니버스에
큰 영향을 끼치지.
아하!

* 관저: 정부에서 장관급 이상의 고위직 공무원들이 살도록 마련한 집.

* West Wing[west wɪŋ]: 웨스트 윙. 백악관 중앙 관저를 중심으로 서쪽에 위치한 건물.

** Executive Wing[ɪgˈzekjətɪv wɪŋ]: 이그제큐티브 윙.

대통령의 집에는
보통 집처럼 침실과 욕실,
주방, 거실 등이 있대.
그런데 굉장히
사적인 공간이라 외부에
알려져 있지 않아.

그러면 대통령은 퇴근해도
백악관에 있어야겠네염?
그렇겠지? 집이
백악관이니까.

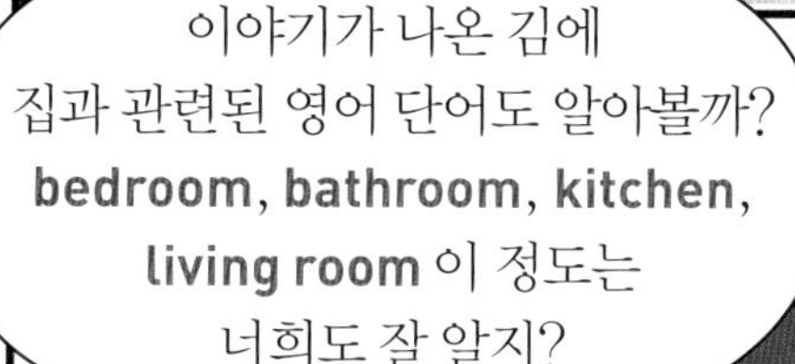
이야기가 나온 김에
집과 관련된 영어 단어도 알아볼까?
bedroom, bathroom, kitchen,
living room 이 정도는
너희도 잘 알지?

속
bedroom
bathroom
kitchen
living room
은근슬쩍 영어
공부인가염?

그런데 대통령은
백악관에서
무슨 일을 해요?
좋은 질문이야.
대통령에 대해서도
알아볼까?

대통령, president는
외국에 대해 나라를 대표하고
정부의 우두머리가 되는
최고 통치권자야.

* 분홍색 단어의 발음이 궁금하다면 127쪽을 펼쳐 보세요.

* 분홍색 단어의 발음이 궁금하다면 127쪽을 펼쳐 보세요.

호잇

호이잇~!
호이잇~!
휙
휘릭
슬라고, 갑자기 왜 그래?
휙
휙

704
ERROR

어떡하지? 하필이면 시원이 없을 때, 에러가 발생하다니….

팟
헉! 704 에러? 여긴 백악관 유니버스인데?

쌤! 걱정 말아요. 저희가 에러를 해결하면 되잖아요!
뭐? 너희가?

네! 시원 쌤이
없더라도 저희가
영어 유니버스를
지켜내야죠!
방
이 나우를
믿으세염, 맨~.
휘익
방
안 된다고
하면 아이들이
실망하겠지?
방
시원 없이 에러를
해결할 수 있을까?

줄리 쌤,
왜 그래요?
설마
저희 실력을
못 믿나염?

그,
그럴 리가….
하하…

좋아! 다 같이
백악관 유니버스로
출동하자!
나우를
따르라!
시원 쌤!
저희가 꼭
해낼게요.
와
콰악
척
깜짝

슬라고~ 백악관
유니버스로 고고!
파앗

예스잉글리시단
출동이다, 맨!
아이들을
안전하게 이동시켜 줘,
슬라고.
구독자 친구들~
루시의 활약을
기대해 주세요!
콰아아아아

파앗

얘들아,
조심해!
또 떨어진다,
맨!
슈우우

오~ 마이
가스레인지~!
쿵
퍽
커억
그건 내
대사라고!

우아~ 여기가 백악관 유니버스구나!
줄리 쌤, 저쪽에 백악관이 보여요~.
쿵쿵
음~ 내 고향 냄새~.
애들아, 일단 들어가 보자.
네! 구독자 친구들~ 곧 엄청난 일이 벌어질지도 몰라요.
간장된다, 맨~.
긴장이겠지….
이, 이게 뭐야?
헉
와썹~ 이게 뭔 일이람?
여, 여기가 백악관 맞나요?

Chapter 2

대통령이 변한 이유

쨍
호호
하하
호호
줄리 쌤, 여기 에러가 발생한 곳 맞아요?
요우~ 다들 너무 행복해 보이는데염!
백악관이 관광지 같아요.
I ♥ NY

그러게. 쌤도
이런 분위기일 줄은….
여기 처음
오셨어요?
누구든 미리 신청만
하면 백악관 투어를 즐길
수 있어요! 조사를 전혀
안 하고 왔네요!
흐음
척
그렇구나! 우린
외국에서 와서
몰랐어!

* 분홍색 단어의 발음이 궁금하다면 127쪽을 펼쳐 보세요.

반가워, 올리버!
나는 줄리야. 편하게
줄리 쌤이라고 불러.
얘들은 내가 잠시
가르치고 있는
루시와 나우, 그리고
리아와 후야.
HIP HOP
I ♥ NY

호잇
그리고 얘는
귀염둥이
슬라고야!

찰칵 찰칵
슬라고는 꼭
날개 달린 햄버거처럼
생겼어요!

줄리 쌤과 루시,
나우, 리아, 후! 언젠가
취재할 수도 있으니
적어 둘게요.
올리버는
뭐든 꼼꼼히
기록하는구나!
슥슥
슥슥

요우~
백악관에 관광객들이
들어와도 된다고,
맨?
당연하지!
백악관은 늘
열려 있어.
HIP HOP

일부 공간은 제한되어 있지만
대통령이 사는 중앙 관저까지도
투어를 다닐 수 있어.

중요한 권력을 지닌
백악관이 그만큼 국민
가까이에 있다는 거지!

그런 의미로
백악관을 개방한
거구나!
관광객들이 대통령이
사는 곳까지 둘러볼 수
있다니 정말 놀라워요.
끄덕
그러게
말이다.
속닥 속닥
올리버는
백악관에 대해
정말 잘 알고
있는 것 같아.
요우~ 그래도
아무나 막 들어오면
위험하지 않아?

척
그건 걱정 마.
저길 한번 볼래?

앗! 지붕 위에
사람들이 있어!
총을 들고
있는데 대체
누구지?
HIP

둥
저 사람들은 백악관을
지키는 비밀 경호국 요원들이야.
무려 천 명이나 되는 요원들이
철통같이 지키고 있어서
백악관은 무척 안전해.

우아! 국민을 위해 백악관을 열어 두면서도 대통령을 확실히 지키고 있구나.
요우~ 비밀 경호국 요원들 너무 멋지다, 맨~!
HIP HOP
그런데 올리버, 옆에 있는 그 모니터는 뭐야?

팡
실은 제가 얼마 전에 캘리포니아 산불이 심각하다는 기사를 썼거든요.
팡

대통령이 그 기사를 보고 산불 대책을 발표한대서 기다리는 중이에요. 이 모니터로 볼 거예요!

그럼 지금부터 백악관 기자 회견을 시작하겠습니다.
파앗
앗! 기자 회견이 시작된다!
정말?
와썹!

어떤 대책이
나올까? 너무
기대돼요!
대통령이
네가 쓴 기사를 보고
기자 회견을 열다니,
너 정말 대단하구나.
요우~ 올리버
리스펙트~!

그런데
대통령 눈이 왜 저리
졸려 보이지?
모르겠어.
요즘 인상이 좀 바뀐
것 같긴 해. 일이 많이
힘드신가?

아무튼 우리 대통령은
얼마나 책임감이 강한지 몰라! 말끝마다
'제가 책임지겠습니다!'라고 해서
별명이 책임의 여왕이야!
오, 정말
멋지다!
점점
기대되는걸?

자, 모두
집중해 주세요.
대통령이 대책을
잘 발표하겠지? 요즘
대통령이 달라져서
불안하단 말이야….

오늘은
캘리포니아 산불에
대한 대책을
발표하겠습니다.

거봐,
내 말이 맞지?
내 기사를 본 게
확실해!
방
방

* 화재가 심각하긴 하지만, 그건 제가 상관할 일이 아닙니다!

* 분홍색 단어의 발음이 궁금하다면 127쪽을 펼쳐 보세요.

올리버가
놀랄 만하네요.
말도 안 돼.
저런 책임감 없는
발표를 한다고?
이 유니버스의
대통령에게 무슨 문제가
생긴 것 같지?
힌트 문장이
증거다, 맨~.
네, 좀
이상해요.
숙덕
숙덕
허탈
대체
무슨 문제가
생긴 걸까요?

으~ 뭔가 이상해.
대통령이 변해도 너무
변했단 말이야!
책임감 강했던
예전 모습이 아니야!
부르르

안 되겠어!
왜 저렇게 변했는지
백악관 출입 기자가 돼서
취재해 봐야겠어!
콱
멋지다,
올리버!
우리도
도와줄게.
요우~
함께 가자,
맨!
좋아! 그럼 우리 함께
신문사로 가서 백악관
출입 기자증부터 받자!
다
다
다
다
다
구독자 친구들~
올리버의 추진력이
엄청난데요?
오, 이제부터
나우도 기자다,
맨!
흐음
그러니까 백악관
출입 기자증을 발급해
달란 말이지?
편집장

편집장님도
오늘 기자 회견
보셨잖아요!
대통령이 뭔가에
홀린 것처럼 변했다고요.
무슨 일이 생긴 건지 꼭
알아내고 싶어요!

흐음…!

왜
망설이지?
소곤
셜록의 친구인
이 나우가 추리를
해 보면, 올리버가
너무 어려서야.
소곤

에이 설마,
취재력에 나이가
무슨 상관이야?
퍼억

그래! 올리버,
넌 어린이 기자 중
으뜸이지.
다른 기자들도
다들 네 취재력을
인정한다고.

올리버,
대단해!
오~ 인정받는
어린이 기자~.

* 여론: 사회 대중의 공통된 의견.

* guidebook['gaɪdbʊk]: 여행이나 관광 안내를 위한 책.
** briefing room['bri:fɪŋ 'ru:m]: 기자 회견실.

어머,
올리버구나!
여긴 어떻게
들어왔어?
편집장님이
백악관 출입 기자증을
발급해 주셨어요.
올리버는
어른 기자들과 사이가
좋나 봐.
맞아. 올리버를
예뻐하는 것 같아.

스윽
HIP HOP

그럼
슈퍼스타 나우의
기자 회견을….

철 좀 들어라,
철 좀! 이런 중요한
곳에서 장난을
치고 싶냐?
루시가
괴롭힌다~.
질질질

올리버가 어딜
가는 거지?
저벅
저벅
저기에
뭐가 있나?
올리버,
왜 그래?
무슨 고민
있어?
흐음

이 선을 넘으면 대통령의
집무실이 있는 웨스트 윙이
나와. 그래서 아무나 이 선을
넘어갈 수 없지.

백악관에 사는
사람들이나 공무원만
넘어갈 수 있어.

내 생각에는 이 선을
넘어가야 대통령의 비밀을
파헤칠 수 있을 것 같아.

그럼 우리도
같이 갈게!
당연하다, 맨!
끄덕
I ♥ NY

일단 들어만 가면,
대통령을 금방 만날 수
있을 텐데….
스윽

하지만 어떻게
저길 들어가지? 비밀
경호국 요원들한테
바로 들킬 텐데.
비밀 경호국
요원으로 변장해서
들어가면 어떨까?

잠입 취재! 정말
좋은 생각인데요?
저도
찬성이에요.
척
오~ 줄리 쌤!
리스펙트~!
HIP HOP

* collection[kə'lekʃn]: 수집품.

모든 준비가
끝났으니, 이제
웨스트 윙으로 가자!
휘익

윽! 지, 진짜
비밀 경호국
요원들이다!
으아,
어떡해!

안녕하십니까!
으음…!

너희는 대통령이
회의 중인 캐비닛 룸*으로
가서 경호를 하도록!
네?
아, 네!
휙

후유~
다행히
안 들켰다.
대통령이
캐비닛 룸에 있다니,
얼른 가 보자!
다다다다

가이드북에
의하면 이 방이
캐비닛 룸이야!
화악

* cabinet room['kæbɪnət 'ruːm]: 대통령과 장관들이 회의를 하는 방.

* 참모: 윗사람을 도와 어떤 일을 이루기 위해 대책과 방법을 세우는 사람.

촤아
이히히히~
이 특제 힐링 가스는
보통 사람 눈에는
보이지 않지.
파도 소리 좀 더
높이겠다냥~.
촤
아

Chapter 3

특제 힐링 가스

대, 대통령이
왜 저러고 있지?
저 분이 정말
한 나라의 대통령이라고?
요우~
해변의 휴양객 같다,
맨~.
치이
치이이이~
그런데
저 사람은 계속 뭘
뿌리는 거지?
킁킁~
멀어서 희미하지만 분명
이상한 구린내가 풍겨.
그러게, 이 방
분위기가 너무
수상해.

응?

거기 너희,
뭐야?
치이~
헉!
왠지 가까이 가면
안 될 것 같아.

저, 저희는
비밀 경호국
요원들입니다!
척
척
대통령을
경호하러
왔습니다!

그럼 저쪽에 가서
얌전히 대기하고
있어!
!

아,
알겠습니다.
후유~
들키는 줄
알았네.
쓱
스윽

* 분홍색 단어의 발음이 궁금하다면 127쪽을 펼쳐 보세요.

맞아, 회의!
안건이 뭐라고요?
오늘의
안건은~.

캘리포니아~ 산불~
계속~ 커지고~ 있~다냥~
산불~ 막기~ 어렵~다냥~.
느릿~
느릿~
느릿~

아이고, 졸려~.
왜 그래,
올리버?

아, 아니
저 보좌관 말에
수면제라도 뿌렸나?
왜 이렇게 졸리지?
하암

음냐
음냐..
대통령이 또
졸고 있어.
아함~ 근데 저도
이 방에 있으니 은근히
졸리네요….
빨리 대책을
마련해야 하는데,
큰일이야.

* 눈이나 비는 낭만적이지요!

아이고~ 졸려~.
왜 이렇게 피곤하고
다 귀찮은 거야~.
하~암
헐~ 폭우, 폭설이
낭만적이라고?
지금 전혀
소통이 안 되고
있잖아!
내가 알던
대통령이
아니야.

아니, 도대체
왜 저러시지?
또 힌트
문장이야!

방금 대통령은
접속사 or을 써서
'눈이나 비는
낭만적이지요!'
라고 말했어.
헉!
정말 아무 말
대잔치인데요?

캘리포니아~ 산불~
어떤~ 대책~ 있는~
겁니까냥~ 참모들이
기다~ 립니다냥~.
느릿~
느릿~

* 분홍색 단어의 발음이 궁금하다면 127쪽을 펼쳐 보세요.

부릅
설마 이번에는 제대로 된 대책을 말하겠지?

I will resume the meeting after I take a nap!*
나른~
나른~
나른~

으악! 이건 정말 최악이야!
줄리 쌤, 대통령이 대체 뭐라고 한 거예요?
'저는 낮잠을 잔 뒤에 다시 회의할 거예요!' 라고 말했어!

* 저는 낮잠을 잔 뒤에 다시 회의할 거예요!

어이쿠~
지금 낮잠 잘 때냐고요!
진짜 책임의 여왕 맞아?
어헝~ 어헝~♪
영어도 에러!
대통령도 에러!
으음…! 지금까지 나온
힌트에는 모두 접속사가
들어가 있어.

접속사는
뭔가요, 쌤? 예전에 배운
전치사와 다른 건가요?
궁금

맞아. 전치사는 명사
앞에서 장소나 시간,
방향 등을 나타내는
말이야.

'~까지',
'~에서' 등 전치사를
배웠던 게 기억날 거야.
네, 기억나요!
신화 유니버스에서
배웠어요!
기억이 날 것
같기도 하고~
안 날 것
같기도 하고~.

* 이시원 선생님이 직접 가르쳐 주는 강의를 확인하고 싶다면 129쪽을 펼쳐 보세요.

짜잔! 그럴 줄 알고 준비했지! 이게 바로 우리가 흔히 쓰는 접속사들이란다. 어때, 친숙하지?
and ~와, 그리고
but 그러나, 하지만
or 아니면, 또는, ~이나
so 그래서, ~해서
because ~때문에, ~해서
before ~하기 전에
after ~한 뒤에
than ~보다
as ~하는 동안에
팟
정말 우리가 자주 쓰는 단어들이네요.

방금 대통령이 after를 썼잖아요. 그것도 접속사네요.
그렇지! 다만 after와 before는 전치사로도 많이 쓰이니까 주의해야 해.
줄리 쌤, 대통령이 말도 안 되는 소리를 하면 힌트 문장이 나오니까, 말이 되는 소리를 하면 해결되는 거 아닐까요?
글쎄… 아직은 잘 모르겠구나.

* 분홍색 단어의 발음이 궁금하다면 127쪽을 펼쳐 보세요.

대통령이 변한 이유를 찾으려면 조그만 단서도 놓쳐서는 안 돼.
그래, 올리버! 왜 변했는지 함께 조사해 보자.
본격적으로 취재를 시작해 볼까?
요우~ 나우는 비밀 기자, 맨!
그런데 힌트 문장이 뭐예요?
헉! 그, 그건….
거짓 없이 솔직하게 말씀해 주세요!

아하하, 대통령이 왜 저렇게 변했는지 그 이유가 혹시 말에 힌트처럼 숨어 있나 싶어서! 별다른 뜻은 없어.
으음…, 왠지 수상해. 예스잉글리시단은 무슨 조직이지? 나중에 꼭 취재해야지!
휙
휙
휙
올리버 앞에서는 말조심해야겠어.

어쨌든 백악관에
들어오길 잘했어요!
콰악

여길 취재하다
보면 대통령한테
무슨 일이 생겼는지
알 수 있을 거예요!
우리도 힘껏
도울게.
올리버,
파이팅~!
방
방
나만
믿어라, 맨~.

내가 벌써
수상한 자를 둘이나
찾아냈다고!
오!
누군데?

바로 저
사람들이야!
척

* relax[rɪˈlæks]: 휴식을 취하다, 안심하다, 긴장이 풀리다.

트릭커가 누군데?
찌릿
세상에서 가장 지독한 악당이 있어.
나우 말이 맞아. 진짜 닮았어!
하지만 빅캣이 안 보이는걸.

아, 맞네! 늘 껌딱지처럼 붙어 다니는 빅캣이 안 보여.
촤아
끼룩 끼룩
흠흠~♪
그 말은…,
촤아아
철썩

저 부통령은 트릭커가 아니다?
그래도 자꾸 의심이 간다, 맨~.

셜록의 친구인
내 감을 믿으라고!
척
응?

엥? 저 녀석은
예스잉글리시단?

어디서 봤나
했더니, 역시
녀석들이었어!

비밀
경호국장!
벌컥
부르셨습니까,
부통령님?

저 녀석들은
가짜 요원들이오!
당장 체포하시오!
척
헉!
오 마이
갓김치~
들켜 버렸다!
하여간!
네 얼굴은
튀어도 너무
튄다니까!

부통령님
말이 사실이냐?
아, 아니에요.
우리 진짜
요원 맞거든요.

그럼 우리의
암호를 알고 있겠지?
암호요?
다, 당연히
알죠, 맨!

좋아,
그렇다면 내가 먼저
암호를 외치겠다.

해리!

포터!

와이!
버럭

파이!

바이!

바이…?
역시 가짜군! 암호는 바이러스다!

누구보다 빠르게!
남들과는 다르게!
후퇴다!
으~ 아깝다!
일단 도망가자!
콱
콱
후다닥
안 돼!
그럼 우리
취재는…!
일단 대통령
관저가 있는 중앙 본관
쪽으로 가자!
우르르
다다다다
어딜
도망가려고!
콱
침입자는
용서 못 하지!

* scout[skaʊt]: 우수한 인재를 물색하고 발탁하는 일.

먼지가
잔뜩 쌓였네.
콜록
콜록
오랫동안
이 침실을
안 써서 그래.

이 좋은 침실을
왜 안 썼대?
그것도 몰라?

이 침실에서
링컨 유령이
출몰한다는 소문
못 들었어?
헉!
리, 링컨
유령?

예전에 백악관을 방문했던
영국 수상 윈스턴 처칠 경도 이
침실에 묵었다가 링컨 유령을
만나 까무러쳤대.
덜덜
덜덜
윈스턴
처칠 경도?

그 뒤에도 이 침실을 썼던 많은 손님이 링컨 유령을 봤대.
그래서 백악관 사람들이 이 침실 근처에는 얼씬도 하지 않는다고.
덜덜
덜덜

이 침실에서 링컨 유령이 출몰한다고?
속닥 속닥
오 마이 가스레인지~.
맙소사! 유령이라니?
쉿! 이러다 들키겠어.

소곤
케임브리지 유니버스에서 유령으로 변장한 트릭커와 빅캣한테 당한 기억이 난다, 맨.
맞아, 그때 트릭커와 빅캣의 변장은 완벽했어. 그런 건 배워야 해.
소곤

와썹~
악당들한테 나쁜 짓을
배우자는 거야?
그게 아니라
우리도 그들처럼
완벽하게 변장을
해 보자는 거야.

또 무슨
변장을 하자는
거야?
방금 저 사람들이
하는 말 들었잖아.

설마 링컨
유령으로?
딩동댕동~!

그럼 링컨 유령을
두려워하는 백악관 사람들은
우릴 잡기는커녕 슬슬
피할 거라고!
그러면 우린
마음껏 돌아다니며
취재할 수 있겠지?
콱

Chapter 4

오싹오싹 링컨 유령

끼이이
링컨 유령을 만나기 전에 빨리 나가자.
그래, 너무 소름 돋는다~.

우당탕탕
우리도 나가자!
어이쿠야!

그리고 우리가 다 변장하면 너무 눈에 띌 것 같은데?
그런데 어떻게 링컨 유령으로 변장하지?

잊었어?
우리한테 변장
전문가가 있잖아.
척

그리고 변장은 가장
잘 어울리는 한 사람만
하면 되지.
스윽
설마
나…?

그래, 한번
해 보자꾸나. 슬라고~
다시 컬렉션을
펼쳐 주겠니?
파아앗

우르르릉
나만 믿으렴!
링컨과 똑같이
만들어 줄 테니까.
후가 진짜
놀랐나 봐. 목소리가
엄청 컸어!
든든해요,
줄리 쌤!

후야, 이제
돌아볼래?
기대
기대
기대
둥

!

풋

킥킥

줄리 쌤이 보기엔 어때요?
요우~ 링컨 같나염?
풋!!
그래! 턱수염이 똑닮았구나!

스윽
그런데 유령이니까 좀 더 무서우면 좋겠어.

그건 코디 전문가인 루시한테 맡겨요!

슥슥
슥슥

짠~ 어때요? 후, 너도 마음에 들지?
이제야 완벽한 유령 같구나!

번쩍
쏴아아아

화악
웬 비가 이렇게 내리지?
그러게 말이야.
확

응? 저건 뭐지?
글쎄….

!
이봐! 거기 누구야?

스윽

화악
이히히히
이히히히

리, 링컨
유령인가?!
으아악!

쿵
쿵

우아! 이게
진짜 통하다니!
훗, 봤지?
이게 다
루시 덕분이야.

와아
와
자, 이제
마음껏 웨스트 윙을
조사하러 가자!

와
여기가
대통령의 집무실인
오벌 오피스야.
우아~
뉴스에서
본 것 같아!
오 마이 갓김치~
미국 대통령의 집무실을
구경하게 될 줄이야!
와아
와

이게 바로 그 유명한
'결단의 책상'이야!
찰칵
찰칵
여기서 대통령이 중요한
대국민 연설을 하기 때문에
'결단의 책상'이라고
부르지.

국민 여러분!
저는 세계 최고의
힙합 뮤지션 나우예염!
팡

으이그~ 제발
철 좀 들어라!
콱 콱
콱
나도 중요한 연설을
해 보고 싶다, 맨~.
아야야
HIP HOP
이곳엔 아무도
없으니까 다른 곳으로
가 보자!

나우가
안보 보좌관이
수상하다고 했지?
응! 우리
안보 보좌관실로
가 보자!
살금
살금
슈우우우

척
척
바로
여기야.
척

스윽
모두
들키지 않게
조용히….
응!

딸칵

스윽
저 사람,
대체 뭘 하고
있는 거지?
새로 업그레이드한
이 파도 소리와 갈매기 소리를 들으면
모든 게 귀찮아질 것이다냥~.
철썩
철썩
촤아아
저 씰룩이는 엉덩이,
꼭 빅캣 같지 않아?
씰룩
씰룩
그런 것
같기도 하고, 아닌 것
같기도 하고….
촤아아
저 파도 소리와
갈매기 소리를 들으면
모든 게 귀찮아진다고?
끼룩

씰룩…
내 감을
믿고 싶지만 아무리 봐도
그냥 아저씨 같아.
씰룩
혹시 예전에
트릭커가 완전 다른
사람으로 변장한 것처럼
빅캣도 변장한 건
아닐까?
씰룩
신화 유니버스 때처럼?
그럼 그림자를 봐야 하는데,
그림자는 안 보여.

그럼 부통령도
트릭커가 아니라는
뜻인가?

얘들아, 부통령실로
한번 가 보자.
휙
진짜
수상한데….
HIP
HOP

척 척
여기가
부통령실이야.
척

모두 조용히…
침착하게….
끼이이…

헉!
저, 저게 뭐지?
무슨 화학 실험을
하는 것 같은데요?
스윽

부글
부글
부글

크흐흐흐! 매직 방귀를
사흘 밤낮으로 끓인 이 특제
힐링 가스를 마시면!
킥킥

누구든 만사가
귀찮아지고 모든 일에
책임감을 잃어버리게 되지.
부글
부글

이 정도면 대통령은
대통령으로서 어떠한 책임감도 없이
엉뚱한 의사 결정을 하게 될 거야!
내일 기자 회견에서의 모습이
기대되는군!
콰아아아
와썹~
역시 부통령이
트릭커였썹!
그럼 빅캣은
대체 어디에 있지?
설마
안보 보좌관이
빅캣?

* shutter['ʃʌtə(r)]: 사진기에서 필름에 적당한 양의 빛을 비추기 위해 렌즈의 뚜껑을 재빨리 여닫는 장치.

유,
유령…?
왜 이렇게
뚫어져라 쳐다보지?
들켰나?

링컨 유령이
이번에도
통하겠지?
히히!
당연하지!

세상에
유령이 어딨어?
정체를 밝혀라!
치익
치이익

으악,
눈 부셔!
척
화악
흥, 유령을
흉내 내다니! 내가
모를 줄 알고?
이래 봬도
변장 경력이
20년이라고!

역시
침입자들이
있었다냥!
척

내가
잡았지롱~.
정말
대단하다냥~.

크크크!
이 녀석들을 어떻게
혼내 줄까?
이곳에 무단
침입했으니, 큰 벌을
내려야 한다냥~.
저벅
저벅

!
오 마이
가스레인지~
저 그림자 좀 봐!
역시 나우 말대로
부통령과 안보 보좌관이
트릭커와 빅캣이었어!
앗! 저 그림자는
분명 빅캣 같은데?!

이 악당들, 용서하지 않겠다! 우리가 다 들었어!
백악관 유니버스에서 에러를 일으킨 것도 너희지?

흥! 나는 이 나라 부통령이라고! 누가 너희 말을 믿겠어?
킥 킥 킥
캬 캬
우리가 악당이라는 증거 있냐옹?

퍽
에이전트 줄리 출격! 얘들아, 내가 방금 힌트 문장의 비밀을 알아낸 것 같아!
퍼억

특별 기자 회견

헉
헉
후유~ 줄리 쌤, 근데 힌트 문장의 비밀이 뭐예염?
하아
하아

아까 트릭커가 힐링 가스를 마시면 누구든 책임감을 잃어버리게 된다고 했어.

책임감이 문제야! 대통령의 책임감 없는 결정이 원인이야.
아! 그래서 대통령이 엉뚱하고 무책임한 말을 할 때마다 힌트가 나왔나 봐요.
대통령을 조종하다니 무서운 악당들이다, 맨.

대통령이 사회 이슈*에 대해 관심을 갖지 않고 책임감 없이 결정을 내린다면 이 유니버스는 흔들릴 수밖에 없어. 물론 영어도!

대통령의 책임감이 사라진 게 문제라는 거죠? 그렇다면 책임감을 찾아 줘야죠!
척
척
저한테도 작전이 있어요!

* issue[ˈɪʃuː]: 안건, 주제, 문제.

* 따발총: 말이 많거나 빠른 사람을 비유적으로 이르는 말.

흐음,
대통령 정신이 번쩍
들 만한 따발총
질문…?
쨍
맞아!
이번 기회에 현명하고 책임감 있던
대통령의 예전 모습을 우리가
되찾아 줍시다!
요새 기자 회견
때마다 대통령이 좀
졸려 보이긴 했어.
뭔가에 홀린 사람처럼
정신도 없어 보였고!

후후,
오랜만에 입 좀
풀어 볼까?
선배님들,
정말 고마워요!
올리버가
평소에 어떤
기자였는지
알겠구나.
올리버,
네 말대로
할게.
진짜 예리한
질문을 준비하겠어!
다들
도와줘서
다행이에요.

캘리포니아 산불과 시카고 폭설 가운데 어느 게 더 심각하다고 보나요? 그리고 기준 금리* 인상은 왜 필요하다고 생각하십니까?

노숙자 문제 해결 방안을 제시해 주시겠습니까? 그리고 화성 이주 계획이 정말 추진되나요?

다음 달에 중동과의 외교 만찬은 어떻게 진행이 되나요? 한국이 미국을 주시하고 있다는 걸 알고 있나요?

* 금리: 빌려준 돈이나 예금 따위에 붙는 이자.

하암~
음,
귀찮아~.

책임지는 건
너무 귀찮아.
아~ 졸려~.

역시 특제
힐링 가스는
완벽해.
치이이이이이
매직 방귀를
숙성시키니 더
대단하다냥!

치이익
치익
그래도 혹시 모르니까
힐링 가스를 더 뿜어야지!
너도 빨리 파도 소리를
최대치로 높여!
알겠다냥~. 기자들아,
괜한 헛수고하지 마라냥~.
촤아아

만사가 귀찮은데
왜 이렇게 질문을
많이 하는 거야.

Questions are annoying
and I don't want to hear them!*
척

헉! 대통령이
또 말도 안 되는
소리를 했나 봐.
힌트 문장이
나왔어!
요우~
올리버의 작전이
실패한 건가?
소곤
소곤

줄리 쌤,
대통령이 뭐라고
한 거예요?
접속사 and를 써서
'질문들은 짜증 나고
듣고 싶지 않습니다!'
라고 했어.
소곤
소곤

* 질문들은 짜증 나고 듣고 싶지 않습니다!

* 분홍색 단어의 발음이 궁금하다면 127쪽을 펼쳐 보세요.

헐! 대통령이
저런 무책임한
말을 하다니!
요우~ 대통령의
무책임한 말이
힌트가 된다, 맨~.
정말
대책이
없네.
그래도 계속
질문을 던져서
정신을 차리게
해야 돼.

따발총 질문이
안 통하는 것
같은데?

음, 대체 어떤
질문을 해야 하지?
콰악

대통령이 스스로를
돌아보게 만드는
질문을 해야 해!

최초의 어린이
백악관 출입 기자인
내가 꼭 해내겠어!
콰악
그래, 올리버
너라면 할 수 있을 거야.
툭툭

대통령님,
저도 질문이
있습니다!
척

하암~
뭔가요?

대통령님은
언제나 책임감이
강한 분이었습니다.
그런데 요즘은
귀찮고 피곤하다며
무책임한 말만
늘어놓고 있습니다.
잘한다,
올리버!
요우~ 백악관
출입 기자답다,
맨~.

예전의 책임감
있던 본인과 지금
무엇이 다르다고
생각하세요?

치이
예전의 책임감 있는
모습이라….
저런
헛소리는 들을 필요가
없습니다.
치이이
치이이

* 당신은 어리기 때문에 당신 말은 듣지 않겠어요!
* 분홍색 단어의 발음이 궁금하다면 127쪽을 펼쳐 보세요.

이히히히!
저 꼬맹이들이
또 몰래 숨어
들어왔군!
그래봤자 대통령은
너희 질문에 관심도
없다냥~.
내 작전만으론
도저히 안 되겠어!
루시, 네가 생각한
작전을 보여 줘!
딱
딱
콱
알겠어!
나만 믿어!
그런데 화면이
너무 작아 잘 안 보일 것
같은데 어쩌지?
오~
화면을 틀려고?
슬라고를 이용해 허공에
화면을 크게 띄우면
어떨까?
슈우우~
오,
좋아요!

척
팍
슈우우우

저는 미국 대통령으로서 테러 단체에 대해 즉각적인 제재에 나설 것입니다! 모든 책임은 제가 지겠습니다.
이것은 공식 발표입니다!
HOUS
파
앗

보셨죠,
대통령님? 대통령님은 원래
저렇게 책임감이 넘치는
분이었어요!
오~ 루시가 이렇게
사용하려고 대통령의
옛날 영상을 보내
달라고 했던 거구나.

파앗
I will resume the meeting
after I take a nap!*
The fire is serious, but it
is not my business!**
파아앗
그런데 요즘
대통령님은 무책임한 말만
하고 있어요!
엥? 내가
저런 말을
했다고?
영상
내려! 당장!
누구 허락받고
이런 영상을 틀었냥~.

* 저는 낮잠을 잔 뒤에 다시 회의할 거예요!

** 화재가 심각하긴 하지만, 그건 제가 상관한 일이 아닙니다!

치익
치이익
흔들리면 안 됩니다.
대통령님은 늘 책임감 있고
현명하다고요!
끼룩 끼룩
철썩
그,
그렇지…?
철썩
냥~ 냥~ 냥~
맞다냥~.

앗!
대통령이 다시
설득당하고
있어.
역시 트릭커와
빅캣 때문인
것 같지?
킁킁~
구린내가 진동한다,
맨~.

속으면 안 돼요!
대통령님을 홀려서
저런 말을 하게 한 악당이
바로 저 사람들이라고요!
척

파아앗

새로 업그레이드한
이 파도 소리와 갈매기 소리를 들으면
모든 게 귀찮아질 것이다냥~.
촤아아
철썩
끼룩
철썩
끼룩
이 정도면 대통령은
대통령으로서 어떠한 책임감도 없이
엉뚱한 의사 결정을 하게 될 거야!
팟
콰
콰 콰 콰
파앗

저들은 부통령과
안보 보좌관?
으악! 저건 또
언제 찍었지?
괘씸한 예스
꼬맹이들이 우릴 몰래
찍고 있었다냥~.
저 둘 때문에
대통령님의 책임감이
사라져 버린
거라고요.
파앗
안보 보좌관은 사람을
홀리는 파도 소리를 틀고, 부통령은
수상한 가스를 뿌려 대통령님의
책임감을 없앴어요!
저 녀석들
말을 절대 듣지
마십시오.
냥~ 냥~ 냥~
다 헛소리다냥~.
아….
난 국민들에게 믿음을 주는 대통령이고
싶었는데, 언제부턴가 모든 게
귀찮아진 것 같아.
하아~
파닥
파닥
푸쉬~

지금껏 부통령과
안보 보좌관한테 속아
내가 바보 같은 짓을
하고 있었구나.
큰일이다냥~.
대통령이 정신을
차리는 것 같다냥~.
윽!

절레
내가 어쩌다가
저렇게 책임감 없는
말을 한 거지? 부끄러워
견딜 수가 없어.
절레

이 나라를 대표하는
대통령으로서 당연히
가져야 할 책임감을
잊다니!
스스스스

윽,
지독한 냄새!
우웩~
토할 것 같다,
맨~.
스스스스

힐링 가스를
더 뿌려야겠어.
치이이
누가
트릭커 좀
막아요!
쌤한테
맡기렴!
이제 그만하시지!
파앗

미스터 보스의 계략

작전 성공!
줄리 쌤,
혹시 히어로?
오~
날아서 발차기!
I ♥ NY
HIP HOP
툭
툭
이 정도야
기본이지.

후유~ 갑자기
잠에서 깬 것 같아.
슈우욱

요우~ 대통령님
돌아온 걸 환영해염.
원래
모습으로
돌아왔군요!
고맙구나.
나를 일깨워 줘서.
정말
다행이에요.

* 저는 대통령이기 때문에 책임감 있는 결정을 내릴 거예요!

오?
내일 기사 제목에
이 말을 꼭 쓸게요.

이번에는
힌트 문장이
아닌 것 같아.

힌트 문장이
아니라면…?
맞아. 지금까지
대통령이 접속사를 써서
무책임한 결정을 내릴 때마다
힌트 문장이 나타났지?
그런데 이번에는
접속사 because를 써서
'저는 대통령이기 때문에 책임감 있는
결정을 내릴 거예요!'
라고 했어.
책임감 있는
예전 모습으로
돌아왔군요!
맞아요.
우리가 해냈어요!
스웨웨웩~
이제야 대통령
답네염!

자, 이제
정신을 차렸으니
빨리 백악관부터
정상화시켜야지!
콰악

자, 갑시다!
우리 다시 일을
해야지요,
참모진!
척 척
네!

흥! 누구
마음대로!
척 척
냥~ 냥~ 아직
끝난 게 아니다냥~.

치이이이
애들아,
코와 입부터
막으렴!
이 특제
힐링 가스가 있는 한,
이 유니버스는 우리 손아귀를
벗어날 수 없다!
치이이이이
이런 못된
악당들 같으니!

이히히히~
맛이 어떠냐?
치이이이이

딱
굿굿굿 굿 잡~
드디어 미스터 보스의
행방을 찾았다!
슈우우우
!
으악!
서, 설마
시원?

퍼어억
안전하게
착지 성공!
빅캣
살려라냥~.
으악!
뭐가 안전한 착지
라는 거야?

후욱
후읍!
으악! 힐링 가스를 마셔 버렸다냥~.
치이이이이
후우욱

아~ 귀찮아.
갑자기 모든 게 귀찮고 피곤하다냥~.

냥~ 냥~ 더 이상 변장하고 있기도 귀찮다냥~.
츠츠츠

앗! 드디어 빅캣의 변장까지 풀렸어!
헤롱
헤롱
오 예~ 오 예~♬ 악당들이 아무리 변장해도 내 눈은 못 속이지~♬

특제 힐링 가스를 정통으로 마신 탓에 변장 마법까지 풀렸군! 이제 다 끝났다!
뻐엉

와락
쌤, 왜 이제야 왔어요!
흐어엉~ 보고 싶었어염, 맨~.
와락
어이쿠~ 나도 반갑다, 얘들아!
저도 보고 싶었어요~.

줄리! 내가 없는 동안 고생이 많았죠?
아니에요. 아이들이 너무 훌륭하던걸요?

대체 어딜 다녀오신 거예요, 쌤?
우리가 얼마나 걱정했다고염.
NY
HIP HOP

쌤이 지난
음악 유니버스에서 미스터
보스를 쫓아갔던 거
기억하지?
네!
척
미스터 보스를
계속 쫓다가 이곳 백악관 유니버스에서
엄청난 음모를 꾸미고 있다는
사실을 알아냈단다.
앗!
쌤의 손목시계가
깜빡거리고 있어요!
반짝
반짝
요우~
혹시 키 문장이
나타나는 건가염?

반짝
굿굿굿 굿 잡~!
너희가 백악관 유니버스의
에러를 해결했으니 키 문장이
나타나는 거겠지?
반짝

I will make a responsible decision, because I'm the president!
파
앗
줄리 쌤 말대로 접속사가 들어간 대통령의 책임감 있는 말이 키 문장이었어요!
어헝~ 어헝~♪ 시원 쌤 없이도 에러를 해결한 우리는 진정한 예스 단원~♬
야호~ 우리가 해냈어!
I ♥ NY
HIP HOP

요우~ 키 문장이 나타났으니, 이제 집으로 고고!
정말 고생했어, 얘들아!

아직 아니야. 여기서 무언가 거대한 음모를 꾸미는 미스터 보스를 막아야 한단다.
흐음

우히히히~
너희가 미스터 보스 님을
막겠다고?
킥킥킥!
안타깝지만 우린 임무를
완수했다고!
시원과 예스
꼬맹이들에게 드디어
한방 먹였다냥~.
계획을 실패하고
붙잡힌 주제에 뭐가
성공이라는 거지?
풋, 처음부터 우리의
목표는 백악관 유니버스가
아니었거든?
여긴 너희를
묶어 두기 위한 미끼였을
뿐이다냥~.
우리가 트릭커와 빅캣을
쫓는 동안 미스터 보스가 다른
음모를 꾸미고 있었나 봐요!
와썹~ 왠지
불안해염~.
헉! 그, 그게
무슨 소리야?
도대체
미스터 보스가
어떤 음모를 꾸미고
있는 거지?
힐링 가스에 취해서
비밀도 술술 털어놓네.
흐흐흐! 일은
이미 벌어졌어.
미스터 보스께서
예스잉글리시단을 파괴할
단서를 찾았다냥~.
콱
콱
콱

미스터 보스는
지금 어디 있어?
빨리 말해! 빨리!
팍
팍
팍
팍
윽!
으윽!

에잇!
그만 좀 해!
헉!
탁

미스터 보스 님께
안내해 주면 되잖아!
벌떡
그러니까
귀찮게 좀
하지 마라냥~.

날 따라와.
휘청
휘청
휘청
와! 특제 힐링 가스가
무섭긴 무섭구나.
트릭커와
빅캣이 악당으로서
책임감이 완전히
사라져 버렸어.
요우~
꼴 좋네염.

둥
이런, 맙소사! 여긴 백악관 지하 상황실 이잖아? 미스터 보스는 대체 뭘 하고 있었던 거지?
백악관 유니버스로 모이는 모든 유니버스의 정보를 가로채고 있었던 것 같아요.
미스터 보스가 급하게 떠난 것 같은데요?
요우~ 우리가 오는 걸 눈치챈 것 같아염.
대체 무슨 일이 벌어지고 있는지 백악관 출입 기자로서 취재해야겠어.

저길 좀 봐요!
헉! 저, 저건 예스잉글리시단 유니버스의 경로?
서, 설마 저 경로를 알아내는 게 미스터 보스의 진짜 목적이었던가!
킥킥킥! 이제야 알아차렸나, 시원?
이런…!

노잉글리시단은 이곳 상황실에서 영어 유니버스의 정보를 빼내고 있었다.
미스터 보스께선 여러 정보를 분석해 예스잉글리시단 유니버스의 경로를 알아낸 거다냥~.
나른

이, 이럴 수가….
우리 전략은 시원과 예스 녀석들을 묶어 두는 거였어.
너희는 함정에 빠진 거다냥~.

그럼
미스터 보스는 지금
어디에 있지?
우히히히! 당연히
예스잉글리시단 유니버스를
파괴하러 떠났지.
예스잉글리시단도
이젠 끝장이다냥~.

이, 이런…!
휘청

진정해요,
시원 쌤!
요우~
곰한테 물려 가도 정신만
차리면 산대염!
나우야,
호랑이야.
덥썩

이번
유니버스에선
미션 성공!
이게
얼마 만의
성공이냥~.
윽!
와락

에이전트 줄리는 여기서
미스터 보스가 예스잉글리시단
유니버스에 대해 어디까지
알아냈는지 알아봐요.
휙
네!
척

그리고
얘들아!
네, 쌤!

쌤은 이제부터
미스터 보스의 계략을 막으러
예스잉글리시단 유니버스로
떠날 거란다.
불끈

이번 임무는
그 어느 때보다 위험해.
그래도 함께 가겠니?

당연하죠,
쌤!
쌤, 우리도 멋진
예스잉글리시단
단원이잖아염!
쌤과 끝까지
함께할 거예요.
고맙다,
얘들아!

Mission
clear
704
오! 마침
704 유니버스의 황금 열쇠가
떠오르는구나.

파앗
슬라고~
차원의 문으로
변신~!

척
얘들아, 가자!
이번엔 집이 아니라
예스잉글리시단 유니버스로
가는 거다!

에이전트 줄리!
여기 일이 마무리되는
대로 합류하세요!
올리버, 안녕!
덕분에 기자가
얼마나 대단한지
알게 됐어!
언젠가 꼭
다시 만나,
올리버!
잘 가, 친구들!
덕분에 백악관 출입 기자로서
멋진 일을 했어! 다음엔 너희도
꼭 취재할게!
요우~ 넌 최고의
기자다, 맨~.
네, 그럴게요.
성공을 빌어요,
시원!
슈우우
콰아아아아
냥~ 냥~ 냥~
이미 늦었다냥~.
흣,
이미 미스터 보스 님에
의해 예스잉글리시단
유니버스는 흔적도 없이
사라졌을 거다.

한편, 같은 시각, 미스터 보스
콰아아아
푸하하하!
예스잉글리시단 유니버스를
그동안 아무리 찾아도
찾을 수 없었던 이유가
여기 있었구나!

아
슈우우우우

예스어학원 수업 시간

1교시 단어 Vocabulary

2교시 문법 1,2,3 Grammar 1,2,3

3교시 게임 Recess

4교시 읽고 쓰기 Reading & Writing

5교시 유니버스 이야기 Story

6교시 말하기 Speaking

7교시 쪽지 시험 Quiz

예스어학원의 수업 시간표야!
공부를 시작하기 전에
시간표 정도는 봐 둬야겠지?

예스잉글리시단 훈련 코스

4단계를 통과하면
너희는 예스잉글리시단
단원이 되어 영어를
지키는 유능한 전사가
될 것이다!

1단계 단어 훈련

영어 단어를 확실하게
외운다! 실시!

2단계 문법 훈련

영어 문법을 차근차근
배운다! 실시!

3단계 읽고 쓰기 훈련

영어 문장을 술술
읽고 쓴다! 실시!

4단계 말하기 훈련

영어로 자유롭게
대화한다! 실시!

사실 예스잉글리시단
훈련 코스라는 건 아무도
모르겠지? 큭큭!

TOP SECRET

1교시 

단어 • Vocabulary

step 1. 단어 강의

영어의 첫걸음은 단어를 외우는 것에서부터 시작된단다.
단어를 많이 알아야 영어를 잘할 수 있어. 그럼 18권의 필수 단어를 한번 외워 볼까?

No.	접속사	Conjunction
1	~와, 그리고	and
2	그러나, 하지만	but
3	아니면, 또는, ~이나	or
4	~때문에	because
5	~하기 전에	before*
6	~한 뒤에	after*
7	~보다	than*
8	~하는 동안에	as
9	~때에, ~하면	when
10	(비록) ~이긴 하지만	although

No.	집	Home
11	침실	bedroom
12	욕실	bathroom
13	부엌, 주방	kitchen
14	거실	living room
15	(저녁) 식사	dinner
16	아침 식사	breakfast
17	바닥, (건물의) 층	floor
18	돌보다	care
19	자다	sleep
20	결혼하다	marry

피곤해!
bedroom에서
좀 쉬고 싶다~.

곧 dinner 시간이야.
밥 먹고 쉬자.

원어민 발음 듣기
QR코드를 찍어 봐!

No.	집	Home
21	아빠	dad
22	남편	husband
23	아내	wife
24	아들	son
25	딸	daughter

No.	전문직	Profession
26	대통령	president
27	비서	secretary
28	요리사, 주방장	chef
29	기술자	engineer
30	기자	journalist

* before, after, than은 접속사뿐 아니라 전치사로도 많이 쓰임.

접속사를 잘 사용하면,
중복된 표현을 줄이고
간단한 문장을 만들 수 있으니
잘 기억해 두자!

step 2. 단어 시험

단어를 확실하게 외웠는지 한번 볼까? 빈칸을 채워 봐.

- ~와, 그리고 ______________
- 그러나, 하지만 ______________
- ~하기 전에 ______________
- 침실 ______________
- 거실 ______________
- 남편 ______________
- 아내 ______________
- 대통령 ______________
- 비서 ______________
- 기자 ______________

* 정답은 146~147쪽에 있습니다.

2교시

문법 1 • Grammar 1

step 1. 문법 강의

접속은 서로 맞대어 잇는다는 뜻이야. 영어에는 접속사라는 품사가 있는데, 두 가지 이상의 말을 서로 이어 주는 역할을 하지. 우리말로 하면 '그리고, 그러나, 그래서'와 같아.
접속사는 문장과 문장, 또는 문장 가운데 두 성분들을 이어 주는 말이야. 단어와 단어, 구와 구, 문장과 문장을 연결해 주고 싶을 때 쓰면 돼.
참고로, 구는 두 개 이상의 단어가 모여 이루어졌으나, 주어와 동사를 갖춘 완전한 문장의 형태가 아닌 것을 말해.

단어와 단어를 이어 줄 때

단어(A)	접속사	단어(B)	동사	나머지
Dogs	and	cats	are	popular pets.

개와 고양이는 인기 있는 애완동물이다.

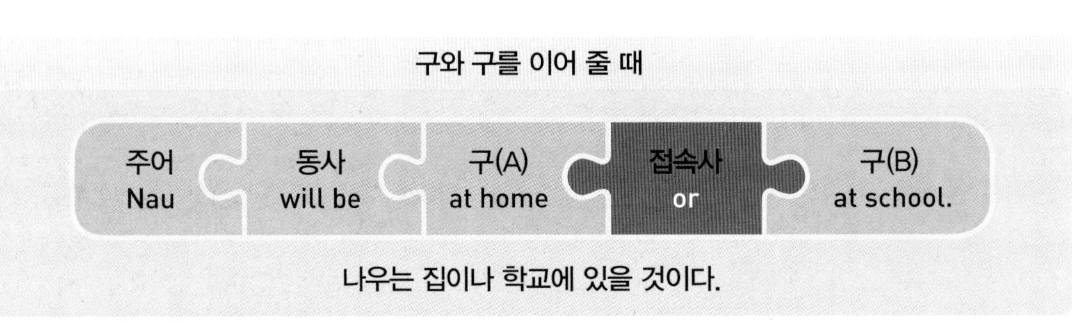

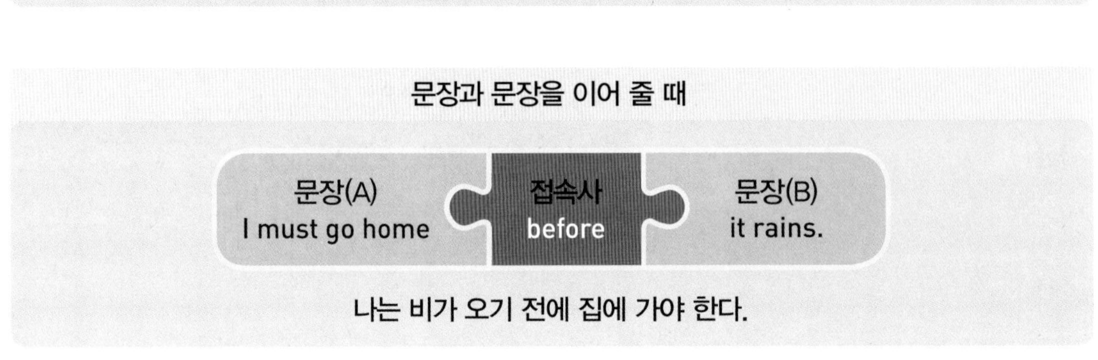

at school.
나우는 집이나 학교에 있을 것이다.

문장과 문장을 이어 줄 때
문장(A)
I must go home
접속사
before
문장(B)
it rains.
나는 비가 오기 전에 집에 가야 한다.

동영상 강의 보기
QR코드를 찍어 봐!

step 2. 문법 정리

접속사가 쓰인 문장을 살펴볼까?

단어와 단어가 이어진 문장

나는 우유와 주스를 좋아한다.	**I like milk and juice.**

구와 구가 이어진 문장

이것은 정말 어렵지만 정말 흥미롭다.	**It is very difficult but very interesting.**
나는 TV를 보거나 자러 갈 것이다.	**I will watch TV or go to bed.**

문장과 문장이 이어진 문장

그는 아팠기 때문에 집에 있었다.	**He stayed home because he was sick.**
루시는 그것을 들은 뒤에 충격을 받았다.	**Lucy was shocked after she heard that.**
나는 일찍 일어났지만, 지각했다.	**Although I got up early, I was late.**

step 3. 문법 대화

접속사가 쓰인 대화를 한번 들어 봐!

문법 2 • Grammar 2

step 1. 문법 강의

접속사는 크게 두 가지로 나눌 수 있는데, 그중 하나가 등위접속사야. 'A and B'나 'A or B'와 같이 서로 대등한 관계인 단어와 단어, 구와 구, 문장과 문장을 연결해 주지. 대표적인 등위접속사로는 and가 있어. 비슷한 단어와 문장을 연결하는 and를 잘 사용하면 '나는 A를 좋아해. 나는 B도 좋아해.'처럼 같은 표현을 두 번 반복할 필요 없이 '나는 A와 B를 좋아해.'와 같이 한 번에 연결해서 말할 수 있어.

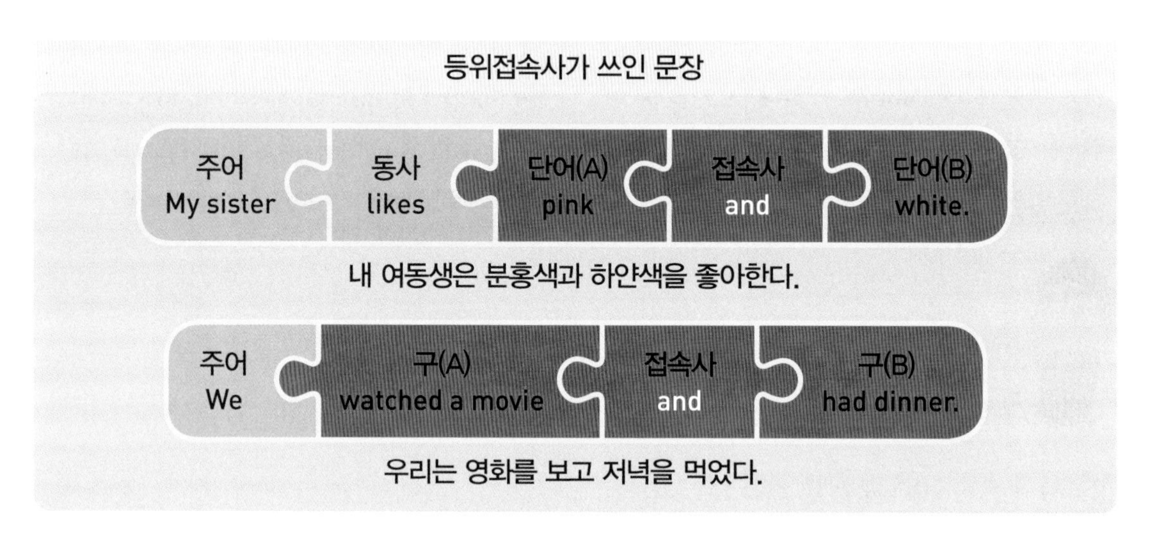

많이 쓰이는 등위접속사에는 어떤 것들이 있을까? 예문과 함께 살펴보자.

접속사	뜻	예문
and	~와, 그리고	**Lia and Nau like milk.** 리아와 나우는 우유를 좋아한다.
but	그러나, 하지만	**English is difficult but I like it.** 영어는 어렵지만 나는 그것을 좋아한다.
or	아니면, 또는, ~이나	**Is it white or black?** 그것은 하얀색이니 아니면 검은색이니?
so	그래서, ~해서	**I was tired, so I went to bed early.** 나는 피곤해서 일찍 자러 갔다.

step 2. 문법 정리

등위접속사가 쓰인 문장을 살펴볼까?

단어와 단어가 이어진 문장

너는 우유(를 마시고 싶니) 아니면 주스를 마시고 싶니?

Do you want to drink milk or juice?

구와 구가 이어진 문장

너는 산(에 가고 싶니) 아니면 해변에 가고 싶니?

Do you want to go to the mountain or to the beach?

문장과 문장이 이어진 문장

나는 모든 곳을 살펴봤지만, 그것을 찾을 수 없었다.

I looked everywhere, but I couldn't find it.

그들은 자매지간이라서, 서로가 매우 비슷하다.

They are sisters, so they are very similar to each other.

step 3. 문법 대화

등위접속사가 나온 대화를 한번 들어 봐!

step 1. 문법 강의

다음으로 종속접속사에 대해 배워 보자. 종속접속사는 문장과 문장을 연결해 주는데, 이때 두 문장은 '주절'과 '종속절'로 나뉜단다. 주절은 주인공 문장, 종속절은 조연급 문장이라고 할 수 있어. 종속절이 주절의 원인이나 조건 등을 보충 설명해 주는 거지.
예를 들어, '~때문에'라는 뜻의 종속접속사 because는 주절의 앞이나 뒤에 붙어서 종속절과 함께 주절의 원인이나 이유를 설명해.

종속접속사가 쓰인 문장

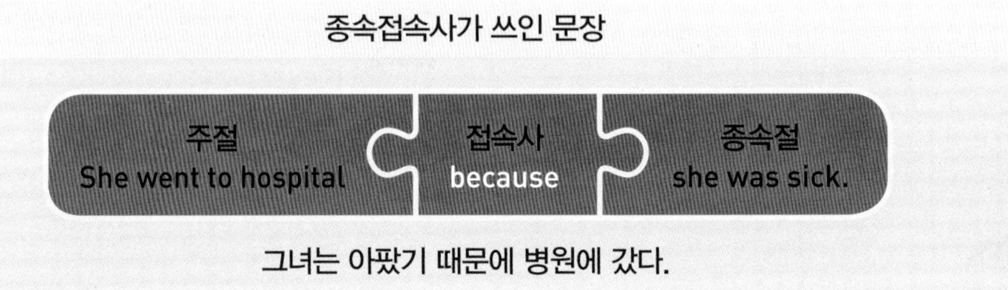

그녀는 아팠기 때문에 병원에 갔다.

등위접속사가 서로 대등한 관계인 단어와 단어, 구와 구, 문장과 문장을 연결하는 접속사였다면, 종속접속사는 문장과 문장만 연결한단다.
그럼 많이 쓰이는 종속접속사와 그 예문을 확인해 볼까?

접속사	뜻	예문
because (원인)	~때문에	**I drank water because I was thirsty.** 나는 목이 말랐기 때문에 물을 마셨다.
before (시간)	~하기 전에	**Do it before you forget.** 잊어버리기 전에 그걸 해.
after (시간)	~한 뒤에	**I went to the park after I did my homework.** 나는 숙제를 한 뒤에 공원에 갔다.
when (시간)	~때에, ~하면	**Call me when you get home.** 집에 도착하면 전화해.
although (양보)	(비록) ~이긴 하지만	**Although this house is old, it is still clean.** 비록 이 집은 낡았지만, 여전히 깨끗하다.

의문사인 when은 시간을 나타내는 종속접속사로도 쓰여!

step 2. 문법 정리

종속접속사가 쓰인 문장을 살펴볼까?

종속접속사가 쓰인 문장	
나는 나우가 정말 좋은 사람이기 때문에 그가 좋다.	I like Nau because he is a very nice guy.
시원은 바빴기 때문에 파티에 오지 못했다.	Siwon didn't come to the party because he was busy.
자러 가기 전에 이를 닦아라.	Brush your teeth before you go to bed.
네 일을 끝낸 뒤에 여기로 와 줄 수 있니?	Can you come here after you finish your work?
나의 할아버지는 90살이었지만, 굉장히 건강하셨다.	Although my grandfather was 90, he was very healthy.

step 3. 문법 대화

종속접속사가 나온 대화를 한번 들어 봐!

3교시 게임 • Recess

빈칸에 알파벳을 넣어서 단어를 완성해 봐! 순서대로 조합하면, 후가 뭘 하고 싶은지 알 수 있을 거란다.
좋아요! 이제 이 정도는 식은 죽 먹기라고요!

b r e a k f a t

j o u r n a _ i s t

k i t c h _ n

_ r e s i d e n t

정답

* 정답은 146~147쪽에 있습니다.

step 1. 읽기

자유자재로 영어를 읽고, 쓰고, 말하고 싶다면 문장 만들기 연습을 반복해야 하지.
먼저 다음 문장들이 익숙해질 때까지 읽어 볼까?

• 나는 우유와 주스를 좋아한다.	I like milk and juice.
• 나는 영화 보는 것과 음악 듣는 것을 좋아한다.	I like watching movies and listening to music.
• 나는 그녀의 생일 선물로 케이크와 꽃을 살 것이다.	I will buy a cake and flowers for her birthday present.
• 나는 공부를 열심히 하고 좋은 성적을 받고 싶다.	I want to study hard and get a good grade.
• 이것은 정말 어렵지만 정말 흥미롭다.	It is very difficult but very interesting.
• 나는 모든 곳을 살펴봤지만, 그것을 찾을 수 없었다.	I looked everywhere, but I couldn't find it.
• 나는 지금 너무 피곤하지만, 너와 같이 파티에 갈 수 있다.	I'm very tired now, but I can go to the party with you.
• 난 친구를 위해 선물을 샀지만, 그녀는 그걸 안 좋아했다.	I bought a gift for my friend, but she didn't like it.
• 나는 TV를 보거나 자러 갈 것이다.	I will watch TV or go to bed.
• 나는 공원이나 박물관에 갈 것이다.	I will go to the park or the museum.
• 너는 우유(를 마시고 싶니) 아니면 주스를 마시고 싶니?	Do you want to drink milk or juice?
• 너는 산(에 가고 싶니) 아니면 해변에 가고 싶니?	Do you want to go to the mountain or to the beach?
• 그들은 자매지간이라서, 서로가 매우 비슷하다.	They are sisters, so they are very similar to each other.

문장 만들기 연습

1회 ☐ 2회 ☐ 3회 ☐

• 그는 아팠기 때문에 집에 있었다.	He stayed home because he was sick.
• 나는 나우가 정말 좋은 사람이기 때문에 그가 좋다.	I like Nau because he is a very nice guy.
• 나는 루시가 너무 말이 많기 때문에 그녀를 좋아하지 않는다.	I don't like Lucy because she talks too much.
• 시원은 바빴기 때문에 파티에 오지 못했다.	Siwon didn't come to the party because he was busy.
• 나는 새로운 사람들을 만나는 걸 즐기기 때문에 파티를 좋아한다.	I like parties because I enjoy meeting new people.
• 자러 가기 전에 이를 닦아라.	Brush your teeth before you go to bed.
• 너는 집에서 나가기 전에 불을 껐니?	Did you turn off the light before you left the house?
• 나는 자러 가기 전에 항상 샤워를 한다.	I always take a shower before I go to bed.
• 루시는 그것을 들은 뒤에 충격을 받았다.	Lucy was shocked after she heard that.
• 네 일을 끝낸 뒤에 여기로 와 줄 수 있니?	Can you come here after you finish your work?
• 우리는 영화를 본 뒤에 저녁을 먹을 것이다.	We will have dinner after we watch a movie.
• 집에 도착한 뒤에 내게 전화하는 것을 잊지 말아라.	Don't forget to call me after you arrive home.
• 나는 일찍 일어났지만, 지각했다.	Although I got up early, I was late.
• 나의 할아버지는 90살이었지만, 굉장히 건강하셨다.	Although my grandfather was 90, he was very healthy.
• 비가 많이 왔지만, 난 내 친구와 함께 캠핑을 갔다.	Although it rained a lot, I went camping with my friend.

step 2. 쓰기

익숙해진 문장들을 이제 한번 써 볼까? 괄호 안의 단어를 보고, 순서에 맞게 문장을 만들어 보자.

❶ 나는 공부를 열심히 하고 좋은 성적을 받고 싶다.
(get, and, I, hard, want, study, grade, a, to, good)

.

❷ 나는 모든 곳을 살펴봤지만, 그것을 찾을 수 없었다.
(looked, find, couldn't, I, everywhere, but, it, I)

.

❸ 그들은 자매지간이라서, 서로가 매우 비슷하다.
(are, very, sisters, similar, to, so, they, each, are, other, They)

.

❹ 나는 루시가 너무 말이 많기 때문에 그녀를 좋아하지 않는다.
(Lucy, because, I, much, don't, she, like, talks, too)

.

❺ 시원은 바빴기 때문에 파티에 오지 못했다.
(was, the, to, didn't, busy, because, party, he, come, Siwon)

.

❻ 나는 일찍 일어났지만, 지각했다.
(early, up, I, late, was, Although, I, got)

.

❼ 비가 많이 왔지만, 난 내 친구와 함께 캠핑을 갔다.
(it, friend, my, Although, rained, a, I, went, lot, camping, with)

.

❽ 나의 할아버지는 90살이었지만, 굉장히 건강하셨다.
(Although, was, grandfather, was, very, healthy, my, 90, he)

.

이제 다양한 접속사가 쓰인 문장을 영어로 써 볼까? 영작을 하다 보면 실력이 훨씬 늘 거야.
잘 모르겠으면, 아래에 있는 WORD BOX를 참고해!

❶ 나는 우유와 주스를 좋아한다. ______________________ .

❷ 나는 TV를 보거나 자러 갈 것이다. ______________________ .

❸ 나는 공원이나 박물관에 갈 것이다. ______________________ .

❹ 너는 우유(를 마시고 싶니) 아니면 주스를 마시고 싶니? ______________________ ?

❺ 너는 산(에 가고 싶니) 아니면 해변에 가고 싶니? ______________________ ?

❻ 나는 나우가 정말 좋은 사람이기 때문에 그가 좋다. ______________________ .

❼ 자러 가기 전에 이를 닦아라. ______________________ .

❽ 나는 자러 가기 전에 항상 샤워를 한다. ______________________ .

WORD BOX

• I	• will	• and	• mountain	• Nau	• want
• he	• very	• watch	• nice	• always	• shower
• drink	• to	• your	• Do	• teeth	• milk
• you	• bed	• TV	• the	• like	• park
• or	• juice	• go	• museum	• beach	• take
• because	• is	• guy	• Brush	• before	• a

* 정답은 146~147쪽에 있습니다.

우리가 열여덟 번째로 다녀온 곳은 바로 704 유니버스란다. 이곳은 주요 유니버스 가운데 하나인 백악관 유니버스지. 백악관은 미국 대통령의 집이자 미국 권력의 중심지라고 할 수 있어. 이곳이 어떤 곳인지 좀 더 자세히 알아볼까?

◀704 유니버스

위치 갈라파고스 유니버스와 가까운 곳

상황 트릭커와 빅캣이 미국의 대통령을 빌런으로 만들어 백악관의 질서를 무너뜨리고 있음.

키 문장 "I will make a responsible decision, because I'm the president!"

미국 대통령이 본모습을 되찾지 못했다면 704 유니버스는 어떻게 되었을까요?

704 유니버스 이야기: 접속사

704 유니버스는 영어 유니버스에 큰 영향을 끼치는 주요 유니버스 중 하나로, 미국 백악관이 있는 곳이에요. 백악관은 미국의 대통령이 정치적으로 중요한 결정을 내리는 곳으로, 이곳에서 에러를 감지한 예스잉글리시단이 찾아오게 되지요. 미스터 보스를 쫓아간 시원 쌤을 대신해, 줄리 쌤과 함께 백악관 유니버스에 오게 된 친구들은 열정이 넘치는 어린이 기자 올리버를 만나게 돼요. 올리버의 말에 따르면, 최근 대통령이 이상하게 변했다고 해요. 원래 대통령은 책임감이 넘치는 사람이었는데, 갑자기 모든 일을 귀찮아하고 엉뚱한 말을 늘어놓고 있다고 해요. 이에 올리버는 대통령을 직접 취재해 대통령이 변한 이유를 파헤치려 하고, 예스잉글리시단도 올리버를 도와 백악관 취재에 나서지요. 그 과정에서 부통령으로 변신한 트릭커와 안보 보좌관으로 변신한 빅캣이 대통령을 나른하게 만들고, 나아가 무책임한 사람으로 만들었다는 걸 알게 돼요. 올리버와 예스잉글리시단은 책임감을 잃어버린 대통령에게 책임감을 되찾아 주지요. "I will make a responsible decision, because I'm the president!"는 704 유니버스의 키 문장이자, 대통령이 잃어버린 책임감을 되찾은 것을 보여 준 멋진 명대사예요.

백악관 유니버스인 704 유니버스가 혼란에 빠져 영어 유니버스 전체가 흔들리고, 지구의 영어도 큰 타격을 받았겠지?

우리 지구의 실제 이야기: 미국 대통령 취임사의 비밀

▲ 루스벨트 대통령 취임식

미국인들이 좋아하는 역대 미국 대통령 취임사에는 공통적으로 발견되는 특징이 있어요. 바로, 나(I) 대신 우리(We)를 적절히 사용했다는 점이에요. 대통령 취임사는 대통령인 내(I)가 앞으로 나라를 어떻게 이끌어 나갈 것인지를 밝히는 연설이지만, 국민들의 공감대를 이끌어 내려면 우리(We)가 한 공동체임을 부각하는 것이 큰 핵심이지요. 예를 들어, 프랭클린 루스벨트는 1933년 취임사에서, '우리가 두려워해야 할 유일한 것은 두려움 그 자체입니다.'라는 말을 했어요. 엄청난 경기 침체가 이어지던 상황 속에서 진짜 두려운 존재는 두려움을 갖는 생각이므로, 우리가 겁먹지 않고 현명하고 용감하게 대처한다면 위기를 충분히 극복할 수 있다는 희망과 용기를 주는 말이었지요. 사람들이 루스벨트 대통령의 취임사에 열광하고 명연설로 오래도록 기억하는 걸 보면, 역시 훌륭한 연설에는 강력한 힘이 있는 것 같아요.

▲ 결단의 책상

미국 대통령이 일하는 곳, 오벌 오피스(Oval Office)

미국 대통령의 집무실은 백악관 웨스트 윙(West Wing)에 있는데, 오벌 오피스(Oval Office)라고 불러요. 오벌 오피스는 '타원형 집무실'이라는 뜻인데, 실제로 방이 타원형이기 때문에 붙은 이름이에요. 새로운 대통령이 취임할 때마다 오벌 오피스를 다르게 꾸미지만, 계속 유지되는 것들이 있어요. 그중 하나가 바로 결단의 책상(Resolute desk)이에요. 이 책상은 미국이 북극에서 난파된 영국 해군의 레졸루트(Resolute)호를 찾아 주자, 영국이 배의 목재로 제작해 보답한 것이에요. 미국 대통령들은 중요한 대국민 연설을 할 때 이 책상에 앉아서 한다고 해요.

6교시 말하기 • Speaking

step 1. 대화 보기

만화에서 나오는 대사, '노 워리스(No worries).'는 어떨 때 쓰는 말일까?

다들 안 넘어지게 조심해!
노 워리스~.
자, 잡아야 하는데!

네 연필 잃어버려서 아이 엠 쏘리~.
괜찮아, 노 워리스~.

step 2. 대화 더하기

'노 워리스(No worries).'는 '신경 쓰지 마.', '괜찮아.'라는 뜻이야.
상대방이 감사나 미안함을 표현했을 때 그 대답으로 할 수 있는 말이지.
그렇다면 이와 비슷한 의미로 쓰이는 영어 표현들은 뭐가 있을까?
친구들이 하는 말을 듣고 따라 해 보렴.

No problem.
It's nothing.

It's all right.

한눈에 보는 이번 수업 핵심 정리

여기까지 열심히 공부한 여러분 모두 굿 잡!
어떤 걸 배웠는지 떠올려 볼까?

1. 등위접속사에 대해 배웠어.

등위접속사는 서로 대등한 관계인 단어와 단어, 구와 구, 문장과 문장을 연결해 주는 접속사를 말해. 대표적인 등위접속사로는 and, but, or, so가 있어.

주어	동사	단어(A)	접속사	단어(B)
My sister	likes	pink	and	white.

2. 종속접속사에 대해 배웠어.

종속접속사로 연결한 두 문장은 주절과, 주절에 덧붙어 원인이나 조건 등을 보충 설명하는 종속절로 구분할 수 있어. 대표적인 종속접속사로는 because, before, after, although, when이 있어.

주절	접속사	종속절
She went to hospital	because	she was sick.

등위접속사와 다르게, 종속접속사는 문장과 문장만 연결한다는 것도 꼭 기억하렴.

어때, 쉽지? 다음 시간에 또 보자!

7교시 쪽지 시험 • Quiz

수업 시간에 잘 들었는지 쪽지 시험을 한번 볼까?

1. 다음 중 가족 구성원을 가리키는 단어가 아닌 것은 무엇일까요?

2. 다음 중 전문직과 관련이 없는 단어는 무엇일까요?

3. 다음 중 집에서 목욕을 하는 공간은 무엇일까요?

4. 다음 중 틀린 말은 어느 것일까요?

① 영어에서 접속사는 두 가지 이상의 말을 서로 이어 준다.
② 접속사는 단어와 단어를 연결할 수 있다.
③ 등위접속사가 이어 준 것들은 서로 대등한 관계에 놓여 있다.
④ 대표적인 종속접속사로는 and가 있다.

5. 다음 중 올바른 문장은 무엇일까요?

① **I will buy a cake before flowers for her birthday present.**
② **They are sisters, so they are very similar to each other.**
③ **Did you turn off the light before the house?**
④ **I will go to park although the museum.**

6. 다음 중 틀린 문장은 무엇일까요?

① **I like milk although juice.**
② **I'm very tired now, but I can go to the party with you.**
③ **We will have dinner after we watch a movie.**
④ **Don't forget to call me after you arrive home.**

7. 문장의 빈칸을 완성해 보세요.

① 나는 우유와 주스를 좋아한다. **I like milk (　　) juice.**
② 이것은 정말 어렵지만 정말 흥미롭다. **It is very difficult (　　) very interesting.**
③ 그는 아팠기 때문에 집에 있었다. **He stayed home (　　) he was sick.**
④ 루시는 그것을 들은 뒤에 충격을 받았다. **Lucy was shocked (　　) she heard that.**

8. 다음 문장을 완성해 보세요.

* 정답은 146~147쪽에 있습니다.

수업 끝!

정답 • Answer

P 127

• ~와, 그리고	and	• 남편	husband
• 그러나, 하지만	but	• 아내	wife
• ~하기 전에	before	• 대통령	president
• 침실	bedroom	• 비서	secretary
• 거실	living room	• 기자	journalist

P 134~135

P 138

❶ I want to study hard and get a good grade

❷ I looked everywhere, but I couldn't find it

❸ They are sisters, so they are very similar to each other

❹ I don't like Lucy because she talks too much

❺ Siwon didn't come to the party because he was busy

❻ Although I got up early, I was late

❼ Although it rained a lot, I went camping with my friend

❽ Although my grandfather was 90, he was very healthy

P 139

❶ I like milk and juice

❷ I will watch TV or go to bed

❸ I will go to the park or the museum

❹ Do you want to drink milk or juice

❺ Do you want to go to the mountain or to the beach

❻ I like Nau because he is a very nice guy

❼ Brush your teeth before you go to bed

❽ I always take a shower before I go to bed

P 144

1. as

2. 

3. 

4. ④

P 145

5. ②

6. ①

7. ① (and)
② (but)
③ (because)
④ (after)

8. (or)

다음 권 미리 보기

지령서

노잉글리시단의 중간 보스 트릭커와 빅캣!
이제 너희의 역할은 끝났다.
내가 직접 비밀리에 움직이고 있는
예스잉글리시단의 본부를 찾아낼 테니
너희는 이제 그만 빠지도록!

목적지 : 예스잉글리시단 유니버스
위치 : 시시각각 바뀜.
특징 : 미스터 보스가 예스잉글리시단 본부에 잠입해
질서를 무너뜨리고 있다.

보스가 주는 지령

드디어 예스잉글리시단 본부의 위치를 찾았다.
예스잉글리시단 유니버스는 모든 영어 유니버스 사이를 횡단하며
우리 노잉글리시단을 감시하고 있었더군.
나는 예스잉글리시단 유니버스를 엉망으로 만들어 영어 유니버스
전체를 흔들 것이다. 너희는 노잉글리시단의 명예를 더럽힌 것을
반성하며 얌전히 기다리고 있어라!

노잉글리시단
Mr. 보스

추신: 영어 유니버스의 진정한 몰락을
잘 지켜보도록!

예스잉글리시단 본부에 가다.jpg

화악
요우~ 쌤과 다시 만나서 기뻐염!
진짜 보고 싶었어요, 쌤!
쌤도 너희를 다시 보니 너무 반갑구나.

예스 녀석들, 각오해라냥!

미스터 보스의 반격.jpg

위대한 우리 미스터 보스 님이 직접 갈 것이다!

아아~ 여기는 훈련 열차의 조종실이다. 미스터 보스가 알린다.
헉! 방금 미스터 보스라고 하지 않았나?

예스어학원
여우네 부대찌개 2층

시원 쌤과 함께하면 영어가 쉬워진다!

YES 어학원

수업만 들어도
영어 단어 연결
100%

여우네 부대찌개

밥처럼

라면 사리
가 쿠폰

예스잉글리시
신입 단원 모집

코드 네임 : 에스원 요원과
영어 유니버스를 구하라!